Naiem Ahmadinejadfarsangi

Un coeur qui est tombé amoureux

Naiem Ahmadinejadfarsangi

Un coeur qui est tombé amoureux

Lauréat du diplôme d'honneur du Pen to Hands Festival

Éditions Muse

Cover image: www.ingimage.com

Publisher:
Éditions Muse
is a trademark of
Dodo Books Indian Ocean Ltd. and OmniScriptum S.R.L publishing group

120 High Road, East Finchley, London, N2 9ED, United Kingdom
Str. Armeneasca 28/1, office 1, Chisinau MD-2012, Republic of Moldova, Europe
Printed at: see last page
ISBN: 978-620-4-96489-8

Un coeur qui est tombé amoureux

Naiem Ahmadinejadfarsangi

Table of Contents

D'abord

Elle était belle la nuit

Au clair de lune

Des rubans dansaient dans ses cheveux

Et le vent riait à côté de lui

Sur les chemins pleins d'étoiles

Il brillait de mille feux

Et le vol des oiseaux me rappelle

comme c'était beau

"Elle " ...

Deuxième

Prends ma main et oublie le monde

Je t'aimerai

Regarde dans mes yeux et vois le rêve de nous deux

Ensemble nous vaincrons et atteindrons le ciel

Pas de froncement de sourcils et pas de larmes, juste des sourires et des rires

Laisse-moi te couvrir de compliments,

Tes yeux brillent comme des étoiles

Et ton sourire brille comme le soleil.

Nous n'en sommes qu'à notre première saison

Mais notre histoire d'amour ne fait que commencer

Maintenant prends ma main et oublie le monde

Je t'aimerai comme je n'ai jamais aimé auparavant.

Troisième

J'étais vulnérable avant de te trouver

Perdu dans les ruelles solitaires de mon cœur

Je t'ai aimé dès la première fois que je t'ai vu

Et le bonheur est né de mon passé sans signification

Les anges ont ri.

Un rêve sans fin de roses rouges.

Tu m'as regardé avec ton regard fragile

Je t'ai regardé avec âme

Et puis notre histoire a commencé

Et ça continue encore

Un moment sombre spontané

Et puis l'étincelle qui m'a conduit à toi.

Quatrième

Le jour se lève devant mes yeux

Je me souviens de ma fenêtre

Ton sourire éclatant quand tu m'as regardé

Tes yeux sont d'azur

Et je sais que je n'en aimerai jamais un autre

Tu remplis mon coeur et mes pensées

Je pense à toi à chaque seconde

je ne me souviens plus du reste

Je suis à vous

Crois en moi, je suis à toi

Dans le miroir, mon reflet me sourit

Je me suis retrouvé grâce à toi

Je t'ai donné mon coeur et mon âme

Regardez-moi

Comment notre amour a commencé

Né d'une fleur

Comme une rose au lever du soleil

Il a allumé une flamme unique et douce dans mon cœur

Et comme un ange

Il a atterri à côté de moi.

Avec toute cette passion et cet amour

Mon paradis est ton sourire

Ma flamme est ton regard

tu es ma fée

Illumination de mon quotidien.

le cinquième

Je ne savais pas que je rencontrerais un jour

Quelqu'un comme toi, une créature légendaire !

Je ne savais pas que l'amour existait

Et comme c'est beau et comme ça pourrait être génial

Je n'ai jamais cru aux histoires sans fin

Je n'aimais pas non plus les romans pleins de bonheur

Cependant, quand j'ai croisé ton chemin

J'ai senti battre mon petit coeur.

Oh comme c'est doux et durera pour toujours

L'amour que je ressens pour toi.

Je jure sur la terre et le ciel

Que je t'aime pour toujours.

je ne peux plus vivre sans toi

Tu es un ange qui a illuminé ma vie

Tu es ma gloire, ma force, ma joie

Et le seul véritable amour de ma vie.

le sixième

Si j'étais poète

J'ai trouvé des mots et avec eux des mots

Je chante mon coeur est plein d'amour pour toi.

Si j'étais un auteur-compositeur

J'avais l'habitude de chanter ces belles chansons pour toi

Parler d'amour et libérer le cœur

Ce coeur aimant et emprisonné

De cet amour et de cet intérêt

Si j'étais un écrivain

Mes romans seront tous les mêmes

Pour décrire votre vitalité et votre beauté

Mais je suis juste là

Plein d'amour et vide de mots

Mais je veux te dire quand même

C'est mon besoin et mon intérêt pour toi

C'est un fait et une réalité

Et à cause de l'amour... je t'aime

je t'aime du fond du coeur

Je t'aime jusqu'au dernier souffle

Je t'aime dans le bruissement des ailes d'un oiseau

Je t'aime comme un volcan qui crache sa colère

Je t'aime au-delà de l'éternité

Je t'aime du lever au coucher du soleil

Je t'aime dans mes nuits plongées dans la poésie

Je t'aime dans le présent, le passé et le futur

Je t'aime au printemps éternel

Sous le doux ciel du printemps

En blanc lilas

Dans la douceur des roses...

je t'aimerai dans le chant des oiseaux

A l'ombre d'un feuillage fragile

Sur un rocher chaud et nu

au soleil brûlant

Dans l'effervescence de l'herbe

Et le cri de l'insecte...

Je t'aimerai jour et nuit

Dans la paix et la tempête

Sous l'étoile éveillée

Dans les brumes du soir

Et les matins humides

Dans les sourires et les larmes

Je t'aimerai de toutes mes forces...

Je t'aime bien

Tant que les oiseaux chantent

Tant que les poissons savent nager

Tant que le soleil brille

Je t'aimerai dans le noir ou dans la lumière.

Tant que le vent continue de souffler

Tant que les vagues de l'océan rugissent

Tant que les étoiles brillent

Tu feras de mon cœur ton esclave.

Tant que dure la vie Le ciel est bleu

Tant que les planètes tournent

Mon amour sera avec toi pour toujours.

aime-moi

Aime-moi au printemps quand tout est vert et nouveau.

Aime-moi en été quand le ciel est si bleu.

Aime-moi à l'automne quand les feuilles brunissent.

Aime-moi en hiver quand il neige.

Aime-moi quand je suis heureux et même quand je suis triste.

Aime-moi quand je suis bon ou quand je suis très mauvais.

Aime-moi quand je suis belle ou quand j'ai l'air ordinaire

Aime-moi quand je me sens bien ou quand j'ai mal.

Aime-moi toujours, sous la pluie ou sous le soleil radieux.

Le septième

J'écrirai un nouveau poème pour toi ce soir

Pour toi mon tendre amour, déesse de mes nuits

Je sens la lave monter en moi

Comme une feuille morte soulevée par le vent

Nos souvenirs se succèdent sans fin

En buvant tes mots, j'attire mes désirs

Tiens mon amour, tiens moi trop longtemps

Je veux vivre et mourir lentement avec toi

Je t'aimerai jusqu'aux derniers jours

Le reste de ma vie sera juste de t'aimer

Et mon amour durera pour toujours.

Huitième

Le jour se lève devant mes yeux

Je me souviens de ma fenêtre

Ton sourire éclatant quand tu m'as regardé

Tes yeux sont d'azur

Et je sais que je n'en aimerai jamais un autre

Tu remplis mon coeur et mes pensées

Je pense à toi à chaque seconde

je ne me souviens plus du reste

Je suis à vous

Crois en moi, je suis à toi

Dans le miroir, mon reflet me sourit

Je me suis retrouvé grâce à toi

Je t'ai donné mon coeur et mon âme

Regardez-moi

Comment notre amour a commencé

Né d'une fleur

Comme une rose au lever du soleil

Il a allumé une flamme unique et douce dans mon cœur

comme un ange

Il a atterri à côté de moi.

Avec toute cette passion et cet amour

Mon paradis est ton sourire

Ma flamme est ton regard

tu es ma fée

Illumination de mon quotidien.

neuvième

Si l'amour était un vent

Je serai la brise qui caresse tes cheveux

L'air qui soutient votre vie.

Si l'amour était de l'eau

Je serai le goût qui coule sur ton corps,

Concevoir une belle œuvre d'art sur votre peau.

Si l'amour était le feu

Je serai la flamme qui te réchauffera.

Si l'amour était la terre

Je serai un sol fertile riche en or et en diamants.

Mais je ne suis pas du vent, je ne suis pas du feu

Mais je suis fait d'eau et de terre et l'amour est pour moi

Je t'aime autant que ma vie,

Tu me montres tes beaux yeux...

Mon cœur brûle de joie et d'émotions.

J'oublie le monde, la pudeur et le temps.

je perds la tête

ébloui de ton doux sourire,

Je ne peux pas réprimer mon désir

Je te murmure que tu es une légende,

Vous avez fait fondre mon bon cœur.

J'aime le plaisir de tes baisers...

J'écoute ta voix excitée et agréable...

Tu m'étreins... je gémis... je tremble...

Je suis au seuil du ciel !

Nos deux corps fusionnent et ne font plus qu'un...

Je suis à toi et pour toujours tu es à moi

C'est le summum du plaisir, de la paix et du bonheur...

Notre amour a conquis toutes les frontières et toutes les lois.

le dixième

si tu m'aimes encore

Déployer les voiles et prendre la grande mer

Nous chercherons un nouveau ciel, une nouvelle terre

Là où l'amour est possible, là on peut tout refaire

si tu m'aimes encore

Verse tes larmes et arrose tous les déserts

Nous plantons une nouvelle graine pour tout rendre vert

Où les étés chauds peuvent se transformer en hivers doux

si tu m'aimes encore

Rallumez nos deux étoiles errantes

Nous marcherons sous leur bonne lumière comme avant

Là où un "je t'aime" peut secouer le monde entier.

Onzième

assis sur mon rebord de fenêtre

J'admire cette saison et sa magie

Mère Nature, comme un peintre,

Il a peint les feuilles de la couleur de l'amour

Et ça nous fait écouter le vent doux

Le vent nous chante sa mélodie

Et je pense à vous

A ces agréables moments passés à tes côtés

C'est alors que je découvre

que j'aime

Je ne pensais plus pouvoir ressentir

Cette sensation de légèreté est agréable

Mais grâce à ton amour je revis enfin

Et je suis heureux près de toi

Pour la première fois de ma vie

Je suis prêt à voler les yeux fermés

Comme un oiseau libre

A qui nous avons donné notre douce liberté

Quitter cette cage inconfortable et étouffante

sans regarder en arrière

Pour découvrir les merveilles de la vie sous un autre angle

Et ne vous en souciez plus.

Maintenant nous construisons tranquillement notre nid d'amour

Pour y vivre ensemble et pour toujours

Tu es ma liberté, tu es ma joie,

Tu es mon autre moitié qui me manque tellement

Je t'aime et je t'aimerai toujours.

Douzième

Pour toujours...

J'aurai la lumière de tes yeux pour éclairer les voies de mon cœur.

Votre sourire sera la lumière qui guidera mon âme agitée sur nos sentiers pédestres.

J'attache mes mains aux vôtres, même si nous ne pouvons pas marcher ensemble ... mais je suis à vos côtés.

Pour toujours...

Je regarderai les étoiles, et j'y verrai ton visage, comme la plus belle des vérités, resplendissant de tout son éclat aussi dans mon cœur.

Je rêverai avec toi... tous les rêves avec lesquels je vis

Pour toujours...

Je t'aimerai comme la rose la plus précieuse du jardin plantée dans mon âme.

Et je prendrai soin de vous, comme le trésor le plus précieux qui vient des sentiments donnés par Dieu.

J'écrirai un poème... et ce poème sera toi

Et ce verset... tu seras

Et tu seras tout mon monde

Pour toujours...

Je serai tes pieds... et tu seras mon âme

Et je te porterai dans mes bras pendant que Dieu me donne la force.

Pour toujours...

Je t'aimerai .

le treizième

Perdue dans le chemin de l'amour, je marche dans l'amour injuste et interdit qui condamne mon cœur au lac des larmes. Un amour traître qui m'enchaîne à des souffrances éternelles.

Je marche encore, quand des petits cailloux me font mal aux pieds, je marche comme un fou, même quand il n'y a pas d'eau pour étancher ma soif.

Une soif que seul l'amour peut satisfaire, même si je suis un garçon misérable, je marche enchaîné vers mon rêve éternel et il n'y a pas de retour en arrière.

Et les mirages essaient de tromper ma conscience avec des plaisirs perfides. Je vois des dames à la peau blanche qui mouillent mes lèvres avec du miel, mais ce ne sont que des sirènes, qui sont le reflet de ce que je veux voir.

Je marche dans la torture de mes illusions, je suis un voyageur en quête d'amour, un amour qui est comme la pluie qui arrose l'herbe verte, un amour qui guérit et fait renaître mon cœur mourant.

Par conséquent, j'espère rencontrer mon ami dans cette vallée solitaire, puis je marche vers vous avec cette foi qui ne tombe pas sur le chemin de mon corps.

le quatorzième

emmène-moi avec toi

Au monde où l'amour est le printemps

Où les baisers ne me manquent jamais

Où je t'aime est éternel

Où ta voix est ma mélodie

emmène-moi avec toi

Pour découvrir le véritable amour

Un amour éternel, comme ton sourire

Un amour sincère, comme tes mains

Un amour clair, comme tes yeux

emmène-moi avec toi

Vers une nuit de plaisir. Une nuit, où l'on voit le lever du soleil

Une nuit d'étoiles drôles

Une nuit inoubliable et inoubliable

emmène-moi avec toi

dans les bons moments

Aussi bon qu'une belle journée ensoleillée

Bien comme les jours d'été sans douleur

Bon et honnête comme notre amour

emmène moi juste avec toi mon amour.

Quinzième

J'ai couru à travers la vallée bénie,

J'ai été submergé par les rayons dorés du soleil

J'ai traversé des milliers de mers

Pour atteindre les sept portes

Parfois je me suis perdu dans une foule

Mais j'ai senti le pouvoir de ton amour

Ça m'attire toujours vers toi.

Pouvons-nous survivre ensemble ?

Parce que ce monde est un endroit violent

Mais j'en profite volontiers pour dire que

Tu es le seul que j'aime pour toujours

Je me suis arrêté et j'ai vu le ciel vide au-dessus,

Un cimetière avec un couple nouvellement enterré,

Le nuage sombre de la solitude erre

Puis une brise fraîche est venue

J'ai senti ta douce voix et ton divin parfum en elle

Alors je t'ai vu dans une mer de roses,

dans un bourgeon en fleurs,

Au soleil

dans un vent parfumé,

Et puis partout

Soudain il y avait de la couleur et de la musique dans l'atmosphère

Un ange faisait de la poussière magique

Mon coeur a sauté

C'est une déesse divine, j'avais peur de la toucher

Il avait allumé une lumière pour moi

Mais j'étais celui qui brûlait tout le temps

Sa voix remplissait mes oreilles vides,

Ses yeux magiques brûlent dans mon cœur,

Son sourire éclatant a créé une aura en moi

Les flammes qui brûlent dans mon cœur,

Maintenant, ils sont devenus des pétales caressants.

J'ai pris mon coeur et je le lui ai donné,

Et il le portait au doigt.

le seizième

T'aimer était un secret

que j'ai gardé en moi

Sans te dire combien je t'aime

Je n'ai pas écrit de poèmes ou de chansons

J'ai juste souffert, sans pleurer ni douleur.

dix-septième

Ta voix est un beau poème...

Pour mon âme fragile

Désespéré d'amour, je t'aime

Comme la douleur que nous chérissons.

Grâce à la nostalgie

Tu es revenu des profondeurs du passé...

O mon amour blanc et lointain

Je t'adore comme des lotus

Ils disent que la mémoire s'estompe

Mais comment puis-je oublier?

Ta voix, une voix qui était très douce

S'il te plaît, dis-moi que tu m'aimes aussi ?

le dix-huitième

Ton âme avait la blancheur des gros lys à l'époque

Laisse le chant des vents balayer les pierres de la terre

L'amour était encore un mystère pour toi

Et ta sainte honnêteté a coulé dans les rides

Au moment où la lune d'austérité perce le ciel

Je t'ai vu, je t'ai aimé, je ne pouvais pas te le dire

Tu as cousu les yeux de ta jeunesse sur mes yeux

Un éclat de clarté pure et romantique

Ton front est rouge... tu n'oses pas dire

Et l'aveu défaillant, dans un soupir fiévreux, Tu l'as forcée de ton cœur à errer sur tes lèvres, Où je l'ai recueillie dans le premier baiser.

XIXe

Tu me façonnes, tu dessines les lignes de mon être, comme un sculpteur au travail, tu ne cesses de travailler avec moi, avec tes mots, avec tes mains, avec tes caresses, avec tes baisers, avec ton amour.

Vous êtes la mer qui meurt sur le rivage, vague après vague, ce plan change la terre et ce continent donne sa place à ce continent.

Vous êtes le vent qui joue dans les arbres, un son familier qui souffle sur le sol, caresse et sème, et la nature s'éveille et s'épanouit au cœur de ce vent magique dans une nouvelle saison.

Tu es ma reine, tu m'aimes malgré tout et quand je ne m'aime plus, quand je ne vois plus mes défauts,

Tu deviens ce noble seigneur, toujours fidèle.

la vingtième

Vos yeux ont quelque chose de magique.

Un rayonnement divin, une fleur érotique.

Quand je te vois, tout est rose, même les nuages...

J'embrasse le bonheur sur ton visage.

Tes yeux sont de la couleur du soleil

Ce sont deux grottes d'émerveillement

Tes yeux sont plus beaux que le ciel

C'est un monde éternel

Sans ton regard doux et glamour,

Je ne sais pas où aller et comment survivre

Parce que tes yeux me donnent force et raison

Même s'ils me rendent ivre.

Si la terre s'effondre, si le soleil disparaît,

Si la mer s'assèche de toutes ses écailles,

Je sais comment reconstruire le monde entier !

Seulement dans ton regard, je trouve les clés

Je découvre la vraie vie dans tes yeux,

Le goût du ciel et les joies d'être amoureux.

Vos yeux sont les diamants les plus purs.

Je comprends tes secrets les plus intimes, tes sentiments

Je sais quand tu as mal et quand tu as peur

Je lis dans tes yeux ce que tu caches dans ton coeur

Votre regard est le roman le plus attrayant disponible

J'y vis, j'y vis des aventures, c'est plein de bonheur et d'espoir.

Tu m'inspires d'innombrables poèmes

Quand je suis au fond de moi, je comprends que tu m'aimes

Tes yeux sont mon trésor le plus cher,

Les pierres les plus précieuses de la terre

Parce que je peux avouer à tes yeux

Ce que je n'ose pas te dire en personne

Tes yeux sont les plus beaux yeux du monde

Quand je les rencontre, tout s'arrête, même les secondes...

Ton regard est l'océan de gloire

J'apprends dans tes yeux ce que mon coeur ne sait pas

Tes yeux sont les étoiles de mes jours

Ton regard est le soleil de mes nuits

Tu es le rêve de ma vie.

Tes yeux sont des pétales d'amour.

vingt et un

Assis sur le bord de la fenêtre

J'admire cette saison et sa magie

Mère Nature, comme un peintre

Il a peint les feuilles de la couleur de l'amour

Et ça nous fait écouter le vent doux

Le vent nous chante sa mélodie

Et je pense à vous

A ces agréables moments passés à tes côtés

C'est alors que je découvre

que j'aime

Je ne pensais plus pouvoir ressentir

Cette sensation de légèreté est agréable

Mais grâce à ton amour je revis enfin

Et je suis heureux près de toi

Pour la première fois de ma vie

Je suis prêt à voler les yeux fermés

Comme un oiseau libre

A qui nous avons donné notre douce liberté

Quitter cette cage inconfortable et étouffante

sans regarder en arrière

Pour découvrir les merveilles de la vie sous un autre angle

Et ne vous en souciez plus.

Maintenant nous construisons tranquillement notre nid d'amour

Pour y vivre ensemble et pour toujours

Tu es ma liberté, tu es ma joie

Tu es mon autre moitié qui me manque tellement

Je t'aime et je t'aimerai toujours.

Reference

Passion d'amour de Naiem Ahmadinejadfarsangi

Sur le chemin de l'amour de Naiem Ahmadinejadfarsangi

C'est l'amour fou de Naiem Ahmadinejadfarsangi

Printed by Books on Demand GmbH, Norderstedt / Germany